Inhaltsverzeichnis

Harry Potter im World Wide Web

Da hat uns Joanne K. Rowling, weltberühmte Autorin der Potter-Bücher, ja ein schönes Süppchen eingebrockt! Als wir ihre spannende Fortsetzungsgeschichte über den Zauberschüler Harry Potter entdeckten, standen bereits die ersten drei Bände im Buchladen. Wir haben sie einen nach dem anderen verschlungen und kaum waren wir damit fertig, wurde der vierte Band auch schon angekündigt. Am 14. Oktober 2000 war es dann nach erträglicher Wartezeit endlich soweit: Wir konnten weiterlesen.

Das haben wir auch getan. Und nun? Nun können wir auf die Fortsetzung warten, bis wir schwarz werden. Denn wenn man den aktuellen Gerüchten glauben darf (und es sieht ganz danach aus, als wären sie wahr), ist der fünfte Band nicht vor 2002 zu erwarten! Vom sechsten und siebten mal gar nicht zu reden. Na toll! Eine schöne Bescherung!

Was für ein Glück, dass Harry Potter längst nicht mehr nur in Frau Rowlings Büchern zu Hause ist, sondern auch im World Wide Web. Dort kann man ihn Tag für Tag besuchen – rund um die Uhr. Fragt sich nur, wo?

Um ihn aufzuspüren, rufen wir die Suchmaschine *Google* (http://www.google.de) auf und geben „Harry Potter" in die Maske ein. Eine Zehntelsekunde später haben wir den Salat: 518.000 Webseiten hat die Suchmaschine zu diesem Thema aufgespürt!

Damit du diese nicht alle abklappern musst, haben wir uns für dich im Internet umgesehen, die Spreu vom Weizen getrennt und eine Auswahl von Webadressen zusammengestellt, die zu besuchen sich lohnt.

Und nun wünschen wir dir viel Spaß beim Surfen durch die Welt des Harry Potter im World Wide Web.

Alohomora!

Günter W. Kienitz   *Bettina Grabis*

PS: Webseiten kommen, Webseiten verschwinden – wenn du eine findest, die unbedingt in dieses Buch gehört oder wenn du einen toten Link entdeckst, sag uns bitte per E-Mail an <u>hp@kidsclick.de</u> Bescheid. 1.000 Dank im Voraus!

Harry Potter offiziell

Carlsen: Harry Potter

Die Macher dieser Website sitzen ganz nah an der Quelle: Der Carlsen Verlag hat Harry Potter nach Deutschland gebracht und versorgt die deutschsprachige Fangemeinde auch im World Wide Web mit News und Informationen. Neues aus der Welt des berühmten Zauberschülers kannst du – wo auch sonst? – im *Wochenprophet* nachlesen.

Unter *Post für Harry* findest du Antworten auf häufig gestellte Fragen und kannst per E-Mail selbst Fragen zu den Büchern stellen. In zwei gut besuchten Chaträumen, die sich hinter *Der sprechende Hut* verbergen, plaudern Potter-Fans miteinander.

http://www.harrypotter.de

Außerdem erfährst du Interessantes über Joanne K. Rowling, die Autorin der spannenden Geschichten, und kannst
nachlesen was die Presse über die Harry Potter-Bücher
schreibt.

Bloomsbury: Harry Potter (E)

Im Nachhinein kaum zu glauben, aber als Joanne K. Rowling für ihren Erstlingsroman *Harry Potter and the
Philosopher's Stone* einen Verleger suchte, kassierte sie
anfangs nichts als Absagen. Die Branche war sich einig:
Das Manuskript ist für ein Kinderbuch *viel* zu lang.

Mit Hilfe eines Literaturagenten fand sie schließlich doch
noch einen Verlag mit dem richtigen Riecher. *Bloomsbury*
veröffentlichte das Buch in England im Juni 1997.

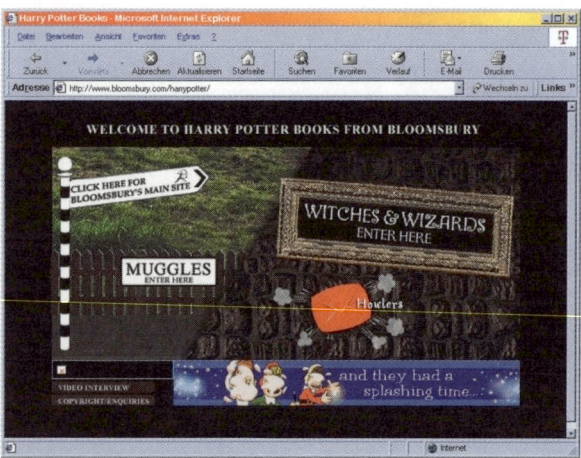

Und siehe da: Den Kindern ist das Buch ganz und gar
nicht zu lang. Im Gegenteil: Jeder Folgeband ist noch ein

bisschen dicker und wird trotzdem gekauft und gelesen oder besser gesagt verschlungen.Der Rest ist Geschichte. Harry Potter mausert sich in kurzer Zeit zum Riesenhit und alle sind glücklich. Alle, bis auf die Verleger, die Harry Potter auf den Tisch bekamen und abgelehnt haben. Die haben sich in der Zwischenzeit mit Sicherheit in den Hintern gebissen – und zwar kräftig.

Klar, dass der Verlag seinem Zauberstock schwingenden Helden, der ihm eine Millionenauflage nach der anderen beschert, längst eine hübsche eigene Website spendiert hat. Die hat zwei Eingänge: einen für Hexen und Zauberer und einen für Muggels. Ersteren kann nur passieren, wer die Prüfung besteht. Was sich dahinter verbirgt, wird nicht verraten. Könnte ja immerhin sein, dass dieses Buch einem Muggel in die Hände fällt!

Wer durch den Muggeleingang eintritt, bekommt erst einmal erklärt, wer Harry Potter ist und worum es in den Potter-Büchern geht. Außerdem kann er nachlesen, was die englische Presse über Harry zu sagen hat, ein umfangreiches Wörterbuch zu Rate ziehen, die Autorin Joanne K. Rowling kennen lernen und einiges mehr. Fühlt er sich schließlich fit genug, kann er sich der Prüfung unterziehen, um möglicherweise doch noch Einlass ins Reich der Hexen und Zauberer zu erlangen.

Von der Hauptseite aus kannst du *Howler* (Heuler) und *Owler* (Euler) verschicken. Das dürfen übrigens auch Muggels. Ebenfalls für jedermann zugänglich ist ein Video-Interview mit Frau Rowling. Um das zu verstehen, musst du zwar nicht zaubern, aber einigermaßen Englisch können, denn natürlich spricht die mittlerweile weltberühmte Autorin in ihrer Muttersprache.

http://www.bloomsbury.com/harrypotter

Scholastic: Harry Potter (E)

In den USA hat sich *Scholastic* die Buchrechte an Harry Potter gesichert. Die flashbasierte Website, die der Verlag dem berühmten Zauberschüler aus dem fernen England gewidmet hat, kann sich sehen lassen.

Neben Inhaltsangaben aller Bände findest du hier nicht nur Infos zur Autorin J. K. Rowling, sondern lernst auch Mary GrandPré, die Illustratorin der amerikanischen Ausgaben, kennen.

In der *Discussion Chamber* kannst du deine persönliche Antwort auf wechselnde Fragen hinterlassen und die Kommentare anderer Potterfans zu vorangegangenen Fragen nachlesen.

Über die *Owl Post* kannst du Freunden eine Eulenpost schicken, und unter *Wizard Trivia* kannst du testen, wie gut du dich in der Potterschen Zauberwelt auskennst. Das ist ganz schön kniffling!

Du bist dir mit der Aussprache mancher Namen und Begriffe nicht ganz sicher? Dann rufe mit einem Mausklick auf der Seite *About the Books* den *Pronunciation Guide* auf. Der enthält eine Liste wichtiger Wörter aus den englischen Ausgaben, die du dir per Mausklick vorlesen lassen kannst.

Falls ihr *Harry Potter* in der Schule lest, findest du unter *Discussion Guide for teachers* jede Menge Theorie zu den Büchern, mit der du – abrakadabra, simsalabim – im Unterricht glänzen kannst.

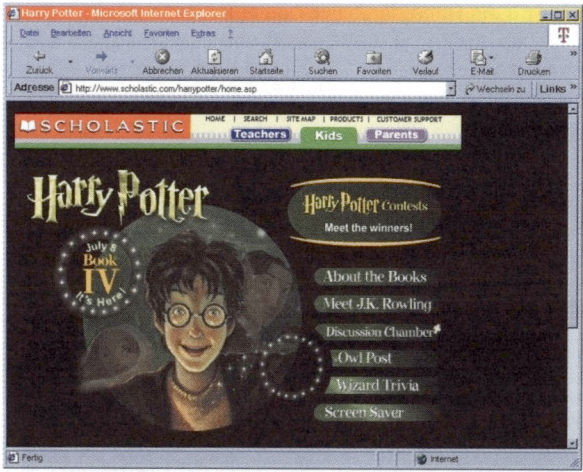

http://www.scholastic.com/harrypotter

Warner Bros. (E)

Die amerikanische Firma *Warner Bros.* hat die Filmrechte für *Harry Potter und der Stein der Weisen* gekauft. Die Dreharbeiten sind in vollem Gange.

In den USA soll der Film im Sommer 2001, in Deutschland im Spätherbst in die Kinos kommen.

Verfilmungen der weiteren Bände werden höchstwahrscheinlich folgen. Groß ist das Angebot auf der Website zum Film nicht. Lediglich eine Newsseite informiert über den Fortgang der Dreharbeiten.

Falls du die Hauptdarsteller Daniel Radcliffe (Harry Potter), Rupert Grint (Ron Weasley) und Emma Watson (Her-
mine Granger) noch nicht gesehen hast, findest du hier
ein Foto von ihnen.

Eine *Hogwarts School Online* ist ohne Terminangabe angekündigt. Immerhin kannst du dich unter *Click here to
pre-register* schon einmal dafür registrieren lassen und erhältst dann einen Newsletter, der dich über das Neueste in
Sachen Harry Potter-Film auf dem Laufenden hält.

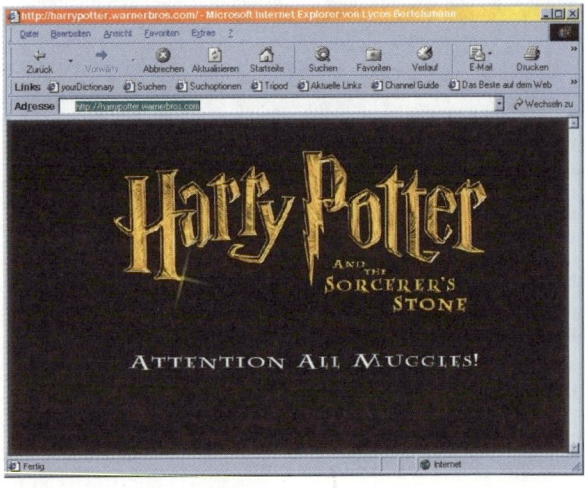

http://www.harrypotter.com

Offizielle Sites in aller Welt

Schon klar, auf den meisten der hier gelisteten Sites verstehst du kein Wort. Wir übrigens auch nicht.

Trotzdem ist es interessant zu sehen, wie die übrigen Verlage, die Harry Potter in aller Welt veröffentlichen, den berühmten Zauberschüler der Webgemeinde vorstellen.

Norwegen (norwegisch)

So präsentiert der Verlag Damm & Søn in Oslo Harry Potter:

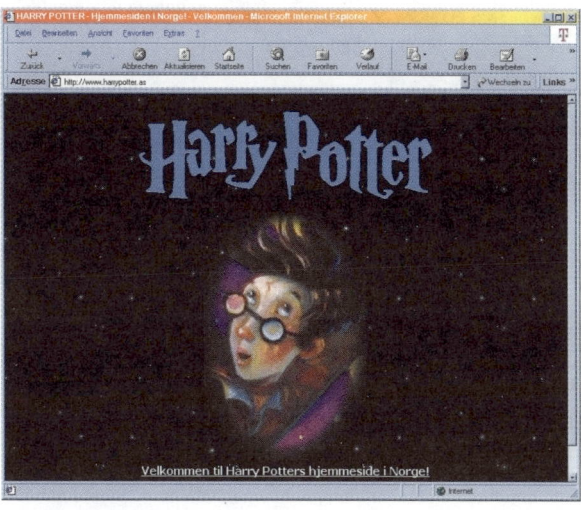

http://www.harrypotter.as

Tschechien (tschechisch)

Fantastisch: die Harry Potter-Site des Albatros Verlags in Prag.

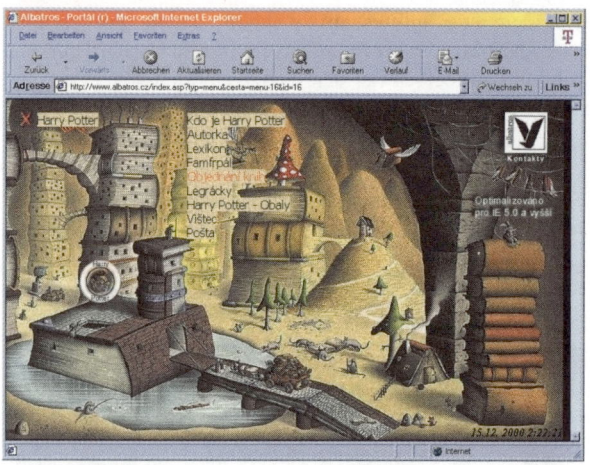

http://www.albatros.cz/
index.asp?typ = menu&cesta = menu-16&id = 16

Frankreich (französisch)

Auch der Verlag Editions Gallimard in Paris hat dem berühmten Zauberschüler bereits einen eigenen Webauftritt spendiert.

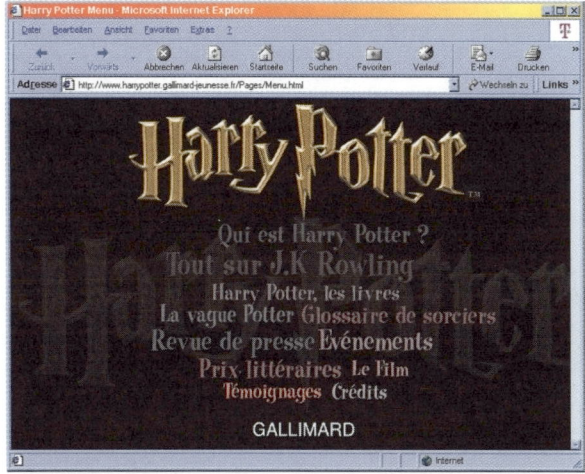

http://www.harrypotter.gallimard-jeunesse.fr/Pages/
Menu.html

Die HP-Verlage im Überblick

Eine Liste aller Verlage rings um den Globus, die Harry
Potter-Bücher und/oder Hörkassetten veröffentlichen, findest du auf dieser Seite. Noch haben die wenigsten davon
eine Website. Wir gehen aber davon aus, dass sich das in
naher Zukunft ändert. Einige Sites sind bereits angekündigt. Man darf gespannt sein!

http://www.jkrowling.com

Fan-Websites

HP-FC.de

Dies ist die wohl bekannteste Harry Potter-Fansite im deutschsprachigen Raum. Verantwortlich für den *inoffiziellen Harry Potter-Fanclub* sind die beiden Schwestern Saskia (15) und Sarah (11) Preissner, die ihn 1999 gegründet haben.

Über die beiden wurde schon so oft in den Medien berichtet, dass sie (zumindest) hierzulande mittlerweile selbst kleine Berühmtheiten sind. Kein Wunder, denn ihre Site, an der sie nach eigenem Bekunden täglich basteln, kann sich sehen lassen. Hier findest du Infos zu den wichtigsten Personen (inklusiv selbst gemalter Bilder) sowie illustrierte Beschreibungen einiger Handlungsorte.

Der absolute Clou sind die beiden virtuellen Rundflüge über Hogwarts bzw. durch den Innenhof der Schule für Zauberer. (Wieso haben die offiziellen Sites der finanzkräftigen Verlage eigentlich nichts Vergleichbares im Angebot?)

Der *Tagesprophet* berichtet über Neues, garniert mit Interviews, Zaubererwitzen und fiktiven Nachrichten aus Politik und Zeitgeschehen.

Unter *Presse* kannst du nachlesen, was die Medien über die Site und ihre Betreiberinnen zu berichten wissen. Im Downloadbereich stehen ein Bildschirmschoner, ein Autogramm von *J. K. Rowling*, sowie ein Arithmantik-Taschenrechner zum Herunterladen bereit. Außerdem gibt es News zum ersten Potter-Film, einen Malwettbewerb, Umfragen und einiges mehr.

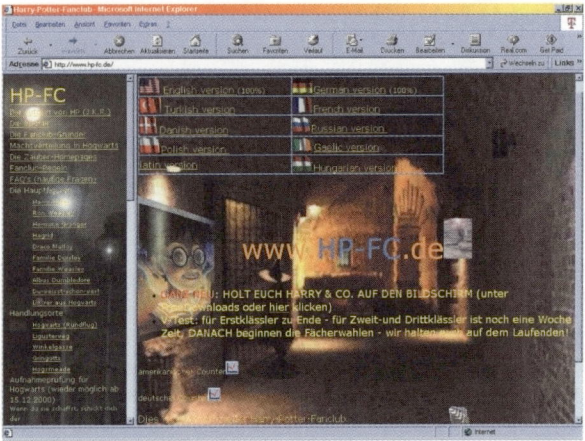

Das Herzstück der Site ist der Fanclub, der nach Angaben
der Webmasterinnen schon über 20.000 Mitglieder zählt.
Um beitreten zu können, musst du eine Aufnahmeprüfung
bestehen.

Erst dann kannst du alle virtuellen Räume betreten, am
Chat und vor allem am Zauberunterricht teilnehmen, digitale *Heuler* verschicken sowie alle übrigen exklusiven Angebote für Clubmitglieder wahrnehmen.

Übrigens ist der HP-FC auf dem besten Weg, international
zu werden. Es gibt bereits eine komplette englische Version der Site sowie unvollständige Ausgaben in Dänisch,
Französisch, Gälisch, Lateinisch, Polnisch, Russisch, Türkisch und Ungarisch.

Fazit: Unbedingt einen ausgedehnten Besuch wert!

http://www.hp-fc.de

Kennys Zauberreich

Kennys Zauberreich ist vollgepackt mit ausführlichen, reich bebilderten und teilweise mit Flash-Animationen illustrierten Informationen zu den Büchern, über die Autorin, zum ersten Harry Potter-Film, zu den Figuren, zu Hogwarts und den einzelnen Häusern (Gryffindor, Hufflepuff, Ravenclaw und Slytherin) sowie zu Harrys Lieblingssport Quidditch.

Außerdem hat Kenny ein Kräuterlexikon und eine Liste von Zaubersprüchen zusammengestellt. In der *Winkelgasse* kannst du *Flourish & Blotts*, *Ollivander*, *Madam Malkins* und weiteren Läden einen Besuch abstatten.

Wer mutig ist, wagt einen Ausflug in den *Verbotenen Wald*. Unter *A-Z* kannst du Namen und Begriffe von *Albus* bis *Zum tropfenden Kessel* nachschlagen. Ausgesprochen praktisch ist der Rundgang, der dich durch die gesamte Site führt. So wird sichergestellt, dass dir nichts entgeht.

Falls dir das alles noch immer nicht reicht, hat Kenny zu guter Letzt noch einige Linktipps für dich parat.

Vergiss nicht, dich ins Gästebuch einzutragen. Das ist zwar schon rappelvoll, aber du findest sicher noch ein Plätzchen – und sei's durch Zauberei.

Fazit: Eine rundum gelungene, übersichtliche und informative Site, die in jeder Beziehung zum Besten gehört, was das deutschsprachige Internet in Sachen Harry Potter zu bieten hat. Dabei ist Webmaster Kenny gerade mal acht. Hut ab – auch wenn die Eltern und andere hilfreiche Geister ihn sicher kräftig dabei unterstützt haben!

http://www.kenny-hoolt.de/

Harry Potter and Friends

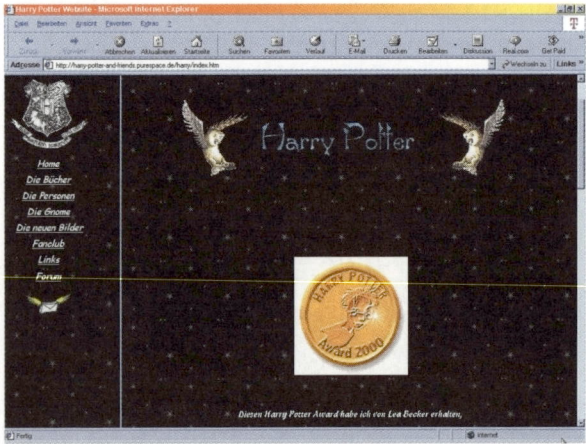

Übersichtlich und kompetent stellt Katharina Dücker auf ihrer Harry Potter-Site die Bücher und wichtige Personen daraus vor. Ein gesondertes Kapitel befasst sich mit der Spezies Gnome. Neben offiziellen Bildern gibt es auch eigene Werke von Besuchern der Site. Ein Fanclub, für den du dich jetzt schon registrieren lassen kannst, steckt zur Zeit noch in der Planung, wenn du dieses Buch in den Händen hältst, sollte es ihn bereits geben.

Schließlich gibt es noch ein Forum, in dem rege über Harry, seine Freunde und seine Welt diskutiert wird. Alles in allem eine gelungene Site.

Warum Katharina den Text allerdings streckenweise in dunkler Schriftfarbe auf dunklen Hintergrund setzt, was ihn völlig unleserlich macht, ist uns schleierhaft. Mit Zauberei hat das nichts zu tun oder etwa doch?

http://harry-potter-and-friends.purespace.de/harry/index.htm

Harry Potter auf Hogwarts

Was auf dieser Site als Erstes ins Auge sticht, ist das aufgeräumte, ansprechende Design.

Der Inhalt steht dem Äußeren in nichts nach: Die Bücher werden mit kurzen Inhaltsangaben vorgestellt; der *Hogwarts-Chat* lädt zu einem fixen wöchentlichen Termin zum Plaudern mit anderen Fans ein.

 Um sich die lange Wartezeit bis zum Erscheinen der weiteren Bände zu vertreiben, schreiben hier Leser ihre eigenen Potter-Geschichten.

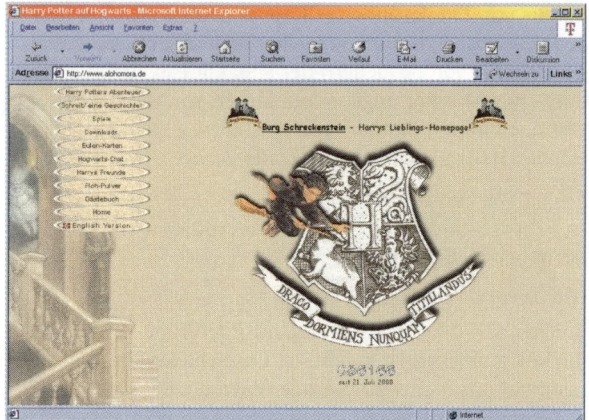

Das kannst du auch. Apropos Zeitvertreib: Unter *Spiele* erwarten dich ein paar niedliche Online-Spiele. In der Downloadecke findest du einen Bildschirmschoner und einen Browser-Skin.

Und schließlich kannst du Eulenkarten, digitale Grußkarten mit Harry Potter-Motiven, versenden und eine Mailingliste mit dem Titel *Sprechender Hut* abonnieren, um mit anderen Fans per E-Mail zu plaudern und zu diskutieren.

Eine Linksammlung rundet das wirklich sehenswerte Angebot ab.

http://www.alohomora.de

Harry Potter Fanclub

Mal was anderes: Die Eingangsseite des *Harry Potter Fanclubs* präsentiert sich als Pinnwand, an der alles angeschlagen ist, was die Site zu bieten hat.

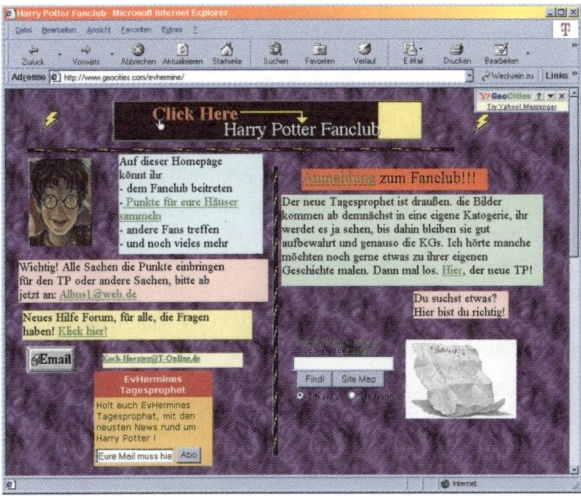

http://www.geocities.com/evhermine/

Und das ist jede Menge: Namen und ihre Bedeutung, gesammelte Zaubersprüche, eine Übersicht über Lehrer und Fächer in Hogwarts, die Schulhymne, Infos zu den Hauptpersonen, das Neueste vom Harry Potter-Film mit Bildern der Hauptdarsteller und von den Dreharbeiten, News und Gerüchte, sowie Spiele, Rätsel und mehr. Angemeldeten Clubmitgliedern stehen darüber hinaus weitere Seiten zur Verfügung.

Außerdem können sie am virtuellen Unterricht teilnehmen.

Fazit: Das Design der Site ist durchgehend originell. Wer das umfangreiche Angebot in Ruhe durchstöbern will, sollte reichlich Zeit mitbringen. Es lohnt sich.

Danielas Harry Potter Page

Was einem auf der Eingangseite zu *Danielas Harry Potter Page* als Erstes ins Auge sticht, ist das Harry Potter-Konterfei – das schrägste, das uns bei der Recherche im Web über den Weg gelaufen ist. Toll! Auch sonst spielt die Optik auf Danielas Site eine wichtige Rolle; bonbonbunte Farben und zappelnde Animationen beherrschen das Bild. Neben den für Fanpages üblichen Inhalten (Inhaltsbeschreibungen der Bücher, News, Infos zum Film, Glossar und Links) hat die zweisprachige (deutsch/englisch) Fanpage etwas zu bieten, was uns sonst nirgends begegnet ist: eine umfangreiche Sammlung von HP-Buchcovern aus aller Welt. Die muss man als Fan einfach gesehen haben!

http://www.fortunecity.de/kunterbunt/cottbus/758/

Die erste inoffizielle Harry Potter Homepage

Keine Frage, Anna, Marieke und Nissi, die drei Webmasterinnen legen sich für ihre Website schwer ins Zeug, das sieht man schon am prall gefüllten Menü. Auf dem *Notizbrett* wird fleißig diskutiert; in der *Gerüchteküche* brodelt es gewaltig; die *Linkliste* kann sich sehen lassen; wer sich für den *Fanclub* registrieren lässt, kann am Unterricht teilnehmen; ein kostenlos abonnierbarer *Newsletter* liefert Neuigkeiten in die Mailbox; diversen Figuren aus Hogwarts sind eigene Seiten gewidmet.

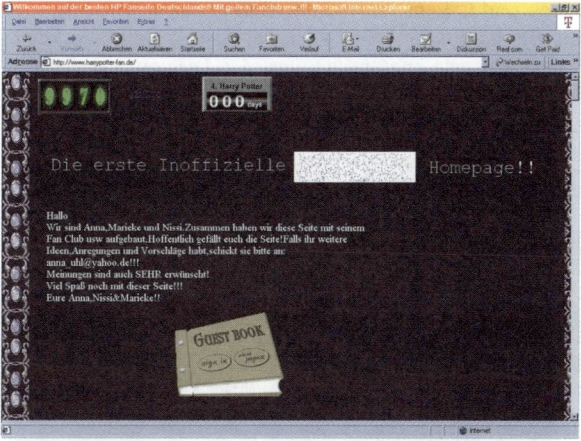

Doch mit der vollmundigen Aussage in der Titelzeile des Browsers „Willkommen auf der besten HP Fanseite Deutschlands!!" haben sie die Messlatte um Meter zu hoch gelegt: Das Layout der Site ist chaotisch und wenig übersichtlich, Java-Gimmicks dehnen die Ladezeiten wie Kaugummi, an allen Ecken riecht es nach Baustelle. Echt nervig ist das Cursorprogramm *Comet*, das ungefragt auf deinem Computer installiert wird, sobald du die Site betrittst. Um es wieder loszuwerden, sind einige Handgriffe nötig und der Rechner muss gebootet werden.

Fazit: Die Site bietet einiges an Infos und Service. Sie als „beste Fansite Deutschlands" zu verkaufen ist jedoch reichlich übertrieben.

http://www.harrypotter-fan.de

Harry World

Auch *Harry World* bietet so ziemlich alles, was Potter-Fans erwarten: Infos mit Bildern zu den Personen, Tieren, Orten und Gegenständen sowie zum Film und diverse Chaträume (in denen bei unserem Besuch allerdings keine Menschenseele anzutreffen war). Ein Lexikon erklärt die wichtigsten Begriffe. Wer möchte, kann Freunden digitale Grußkarten mit Potter-Motiven schicken.

http://www.harry-world.de

Der *Tagesprophet* liefert News und Interviews. Besucher können eigene Werke einschicken, die auf der Site veröffentlicht werden: Gedichte, Geschichten und Bilder. Wer sich zum Club anmeldet, erhält Zugang zu den speziellen Mitgliederseiten. Pfiffig: Die Webmistress hat ein Kartenspiel mit dem Titel *Snape explodiert* entwickelt. Die Karten kannst du dir herunterladen und ausdrucken.

Fazit: In dieser informativen Site steckt viel Fleiß und Arbeit. Schade, dass sich ein paar Macken eingeschlichen haben, die reichlich Fehlermeldungen verursachen. Ebenfalls nervig sind der unsägliche Comet-Cursor, die gesperrte rechte Maustaste und jede Menge Werbe-Pop-up-Fenster.

The Unofficial Harry Potter Fan Club (E)

Auf der Site des *Unofficial Harry Potter Fan Club* findest du News, Gerüchte, Infos zu den Büchern, Spiele, Rätsel, Downloads und vieles, vieles mehr.

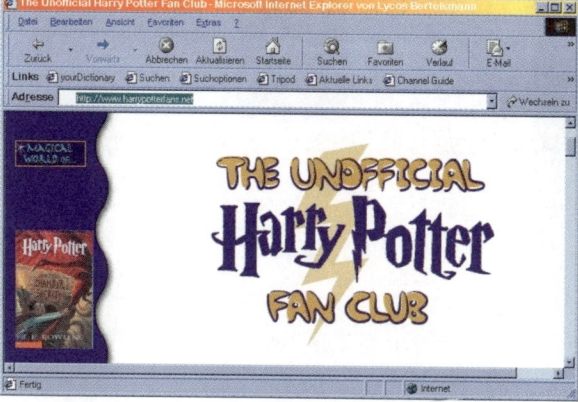

Wenn du willst, kannst du dich ganz stilecht einer Schule zuteilen lassen, einen Zauberstab bekommen (der dich aussucht, ist doch klar!), den Zauberunterricht besuchen oder einfach nur mit anderen HP-Fans chatten. Die *Encyclopedia Potterica*, in der die wichtigsten Begriffe aus der Welt des *Harry Potter* von A-Z gelistet und erklärt werden, hilft dir dabei, schnell ein Experte zu werden. Für jeden Harry Potter-Fan mit ausreichenden Englischkenntnissen ist diese Site ein Muss!

http://www.harrypotterfans.net

Harry Potter Facts and Fun (E)

Aufgeräumt und übersichtlich präsentiert diese Site Inhalte ohne Ende:

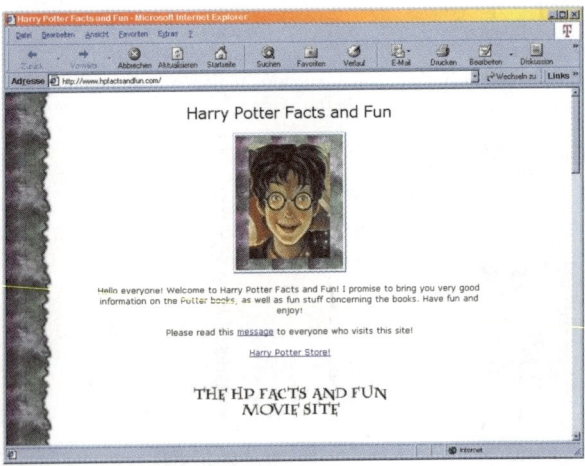

http://www.hpfactsandfun.com

News und Gerüchte (z. B. zu den Bänden 5, 6 und 7), Rollenspiele, Infos über J. K. Rowling und Mary GrandPré, Spiele und Rätsel, digitale Postkarten und Bildschirmschoner, Geschichten und Bilder von Harry Potter-Fans, Inhaltsangaben der bereits erhältlichen Bände, Infos zu Figuren und Orten, Zaubersprüche und Zitate, eine Mailingliste und einiges mehr. Wenn du einigermaßen Englisch verstehst, kannst du hier stundenlang stöbern.

Harry Potter Fans (E)

Diese englischsprachige Fansite besteht in der Hauptsache aus einem Katalog, der übersichtlich sortiert Links zu einer Vielzahl von *Harry Potter*-Angeboten im Internet listet sowie zu Webshops, die Harry Potter-Artikel verkaufen.

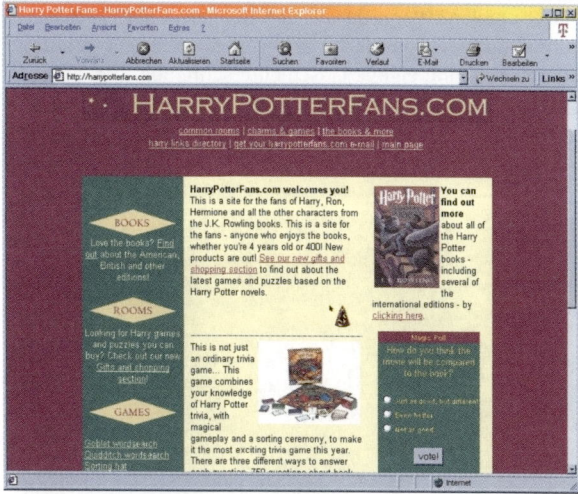

http://harrypotterfans.com

Außerdem kannst du dir eine Mailbox einrichten und eine E-Mail-Adresse in der Form *dein.name@HarryPotterFans. com* bekommen.

Harry Potter Fan Site! (E)

Hier rappelt's im Karton! Auf dieser Site treffen sich Kids aus aller Welt, um über die Bücher und das Leben in Hogwarts zu diskutieren. Obwohl es auf den ersten Blick reichlich chaotisch zugeht, dauert es nicht lange, bis man sich zurechtfindet. Neben Unmengen an Infos zu den Büchern, den Figuren, zum Film (mit Fotos der Schauspieler) und zur Autorin J. K. Rowling, sowie Gerüchten und Vermutungen zu den Bänden fünf bis sieben, sticht vor allem eine Rubrik hervor: die *Original Stories*. Das sind von Kindern geschriebene Geschichten, die in der Welt des Harry Potter spielen. Wenn du mit den Büchern durch bist, kannst du hier weiterlesen und - wenn dein Englisch dafür ausreicht – eine eigene Geschichte schreiben, um sie beizusteuern.

Ein Chatraum, Umfragen und ein hyperaktives Diskussionsforum laden zu weiterer aktiver Teilnahme ein.

Fazit: Einen dicken Minuspunkt gibt es für all die nervigen Pop-up-Werbefenster. Ansonsten: unbedingt besuchenswert!

http://www.angelfire.com/wi/harrypotter/mainharry.html

Harry Potter – Excellent Adventures (E)

„Oje, wie öde!", denkt man unwillkürlich, wenn man zum ersten Mal auf dieser Site landet, denn optisch macht sie nicht viel her.

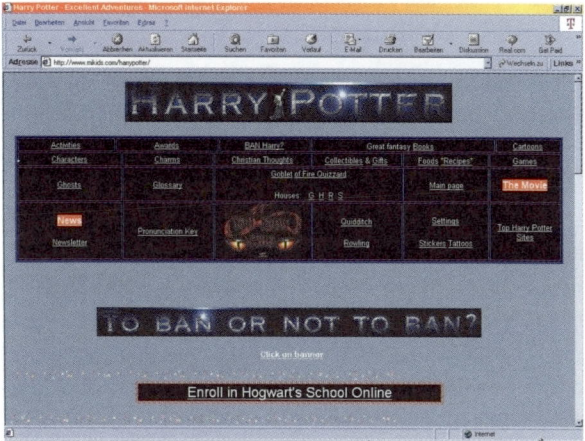

Doch der erste Eindruck täuscht und wer sofort weitersurft, verpasst eine Menge: Links zu Activity-Ideen (z. B. Wie mache ich mir ein Harry Potter-Halloweenkostüm?), eine Zusammenstellung einer Vielzahl von Figuren aus den HP-Büchern, Infos zu den Schulgeistern und anderen Gespenstern, Presseberichte, einen Newsletter, eine Liste von Zaubersprüchen und ihrer Wirkung, ein HP-Wörterbuch, den Pronunciation Key (eine Aussprachehilfe), ein Quiz, Infos zu allen Hogwarts-Häusern, zu Quidditch und zu J. K. Rowling, Rezepte und vieles mehr.

Die Site ist übrigens nicht nur für Fans interessant, sondern auch für Lehrer(innen), die Harry Potter im Unterricht behandeln. Die Webmistress ist selbst Lehrerin und hat eine Menge didaktischer Ideen parat.

http://www.mikids.com/harrypotter

Hogwarts Correctional Facility for Juvenile Delinquents (E)

Diese Site ist ... anders. Der Titel lautet ins Deutsche übersetzt *Hogwarts Besserungsanstalt für jugendliche Straftäter* (absolut geschmacklos, wenn man weiß, wie roh und menschenverachtend in den amerikanischen „Erziehungs"lagern gleichen Namens mit den jungen Insassen umgesprungen wird); die Einleitung beginnt mit dem Statement „I'm evil" (Ich bin bösartig); die durchgehende Grundfarbe der Seiten ist schwarz wie eine Neumondnacht.

Wer hier landet, betritt einen düsteren Ort. Sieht ganz so aus, als würde sich der Webmaster mehr zu den dunklen Mächten hingezogen fühlen.

Der Eingang – wen wundert's? – ist schwer zu finden. Ein winziges *Enter* unter der Grafik, das grün aufleuchtet, wenn die Maus es berührt, ist das Tor.

Auch das Hauptmenü – dunkel auf dunkel – im nächsten Fenster muss man suchen. Kleiner Tipp: Versuch's mal rechts vom Bild des Mädchens mit Katze.

Inhalte gibt es – hat man sie erst einmal aufgespürt – reichlich: jede Menge eigene Werke und Beiträge von anderen Fans (Bilder und Geschichten), eine Reihe von Leseproben aus allen erhältlichen amerikanischen Bänden, ein Messageboard, einen Chatroom, ein Gästebuch und eine kommentierte Linkliste.

Fazit: Hier hat sich jemand um Originalität bemüht. Das ist ihm auch gelungen. Die Benutzerfreundlichkeit der Navigation ist dabei allerdings auf der Strecke geblieben.

http://romanov28.tripod.com/

Exotisch: Hogwarts School of Witchcraft & Wizardry (J/E)

Selbst im fernen Japan gibt es Harry Potter-Fans. Eine Fansite haben wir dort auch entdeckt. Klar, viel verstehen wirst du darauf nicht, falls du nicht zufällig Japanisch sprichst. Aber du kannst dir die originellen Bilder ansehen, und etwas Text in Englisch gibt es auch.

http://www.harrypotterfan.net

Kathis Zauberhafte Welt

Neben den üblichen Infos, die man in ähnlicher Form auf vielen Fansites findet, fallen hier besonders die zahlreichen Illustrationen auf, die nicht den Büchern oder anderen offiziellen Quellen entnommen sind. Ob Kathi sie selbst gemalt oder sich irgendwo „geliehen" hat, konnten

wir nicht feststellen. Sehenswert sind sie auf jeden Fall!
Alles in allem: wirklich zauberhaft.

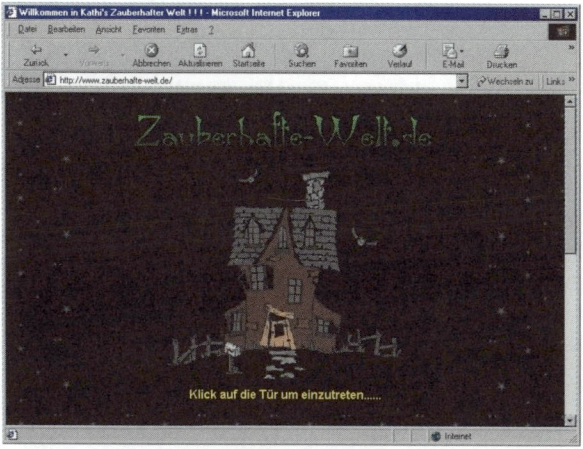

http://www.zauberhafte-welt.de

Annikas Homepage

Vor Muggelaugen gut verborgen liegt Annikas Fansite im
Internet. Weder der Titel noch die Adresse verraten, dass
sich hier alles um Harry Potter dreht. Entdecken konnten
wir sie nur, weil wir die Maus gegen einen Zauberstab
ausgetauscht haben. Neben Leseproben und Infos über
Personen und Orte, präsentiert Annika ihre eigene Ausgabe des *Tagespropheten*. Um originelle Bilder auf ihre Seiten zu bekommen, veranstaltet die Webmistress einen
Malwettbewerb. Eine gute Idee, die ersten Einsendungen
können sich sehen lassen. Seltsam: Einige Links auf der
Site führen den Besucher nicht dahin, wo sie eigentlich

sollten. Wenn da mal bloß nicht *Du-weißt-schon-wer* die Finger im Spiel hat!

http://www.annika-hp.de.vu/

Cats Harry Potter

Mit der Anmeldung zu Cats Harry Potter-Fanclub (zur Anmeldeseite kommt du mit einem Klick auf *Der Sprechende Hut*) wirst du virtueller Hogwarts-Schüler und automatisch einem der vier Schulhäuser zugeteilt. Von nun an kannst du am Zauberunterricht teilnehmen. Auf dem Stundenplan stehen die Fächer Zaubersprüche, Geschichte der Zauberei, Verwandlung, Pflanzenkunde, Zaubertränke, Sagentiere und Verteidigung gegen die dunklen Künste. Außerdem bekommst du ein Konto bei der Zauberbank, das – simsalabim - von Anfang an ein Guthaben aufweist. Wenn du schon Experte in magischen Fragen bist, kannst du dich im Sekretariat als Lehrer bewerben.

http://www.zauberbank.de

Harry Potter's Realm of Wizadry (E)

Umfangreicheres Material zu den Büchern (Leseproben, Rezensionen, diverse Coverversionen, Listen der Figuren und Zusammenfassungen der Stories), zu Hogwarts (Infos und tolle Bilder!) und zur Autorin (Bio, Artikel, Adressen) bietet wohl keine andere HP-Site. Daneben erwarten dich Bilder, News, Geschichten, Gedichte, Songs und vieles mehr aus der Feder von Potter-Fans; ausführliche Infos zu *allen* Personen, Tieren und den übrigen Wesen der Potter-Welt sowie zum Film; Gerüchte, Zitate, sieben Diskussions- sowie vier Rollenspielforen (zu jedem der Häuser eines); ein Chatraum und einiges mehr. Zu guter Letzt weist dir eine riesige Linksammlung den Weg zu weiteren Potter-Sites im Web – nur so für den Fall, dass du nach einem ausgiebigen Besuch auf dieser noch immer nicht genug haben solltest.

Fazit: Einfach toll, was Gypsy, die 15jährige Webmistress, mit dieser Site, die zu den informativsten Harry Potter-Webangeboten gehört, auf die Beine gestellt hat!

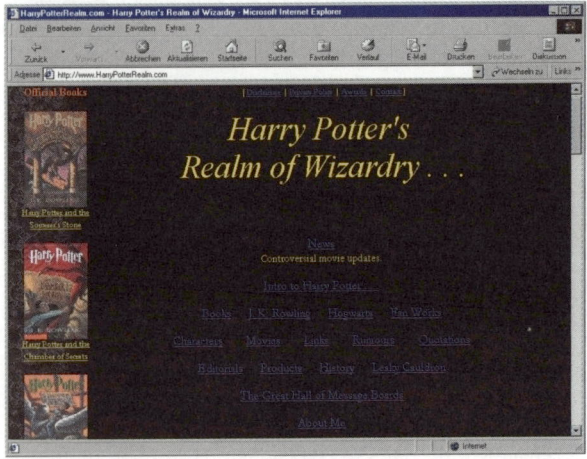

http://www.harrypotterrealm.com

Harry Potter Facts and Fun (E)

Lass dich von der schlichten Optik nicht täuschen! Die englischsprachige Fansite ist vollgepackt mit Infos zu Büchern und Figuren, Fakten, News und Gerüchten (z. B. zu den Bänden 5 bis 7), Spielen, Downloads, Bildern und Geschichten von Fans, überquellenden Foren, Antworten auf häufig gestellte Fragen sowie Links zu weiteren Potter-Sites.

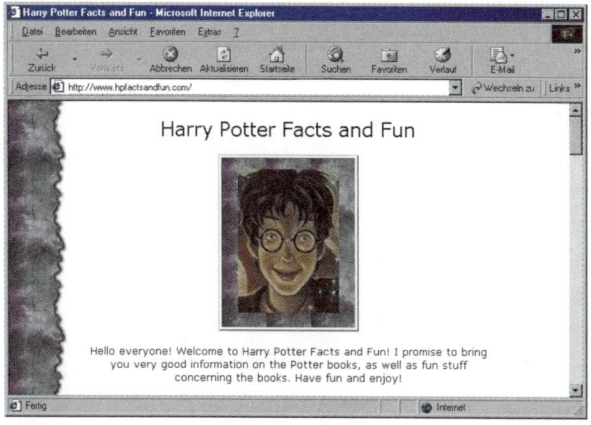

http://www.hpfactsandfun.com

Harry Potter zum Lesen

Leseproben

Damit selbst die Muggels, die die Harry Potter-Bücher bisher nur vom Hörensagen kennen, nicht völlig ausgeschlossen bleiben, hat der Carlsen Verlag neben kurzen Inhaltsangaben je ein Kapitel aller Bände ins Web gestellt. Wer nach der Lektüre der Leseproben noch immer nicht auf den Geschmack gekommen ist, wird wohl sein Leben lang ein Muggel bleiben.

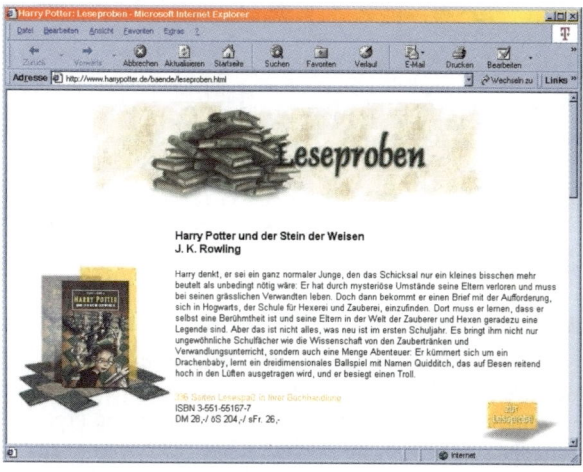

http://www.harrypotter.de/baende/leseproben.html

Das sagen Leser(innen) zu Harry Potter

Seit es Online-Buchhandlungen gibt, bist du nicht mehr auf deinen Freundeskreis angewiesen, wenn du wissen möchtest, was andere von einem bestimmten Buch halten. Denn jeder der will, kann in diversen Web-Buchshops seine Meinung zu Büchern hinterlassen.

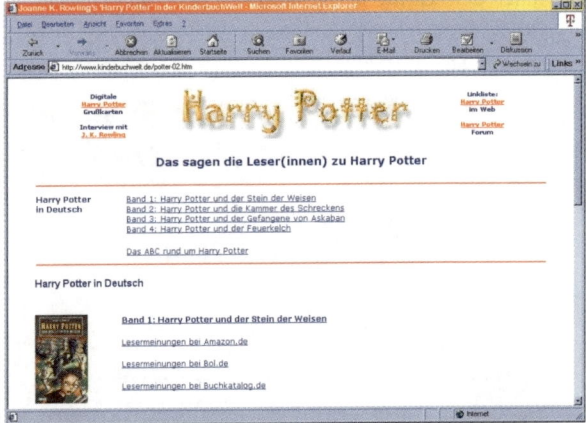

Zu den Harry Potter-Büchern gibt es tausende von Kommentaren im Web. Weil die URLs zu den Kommentarseiten der Online-Buchshops meist schrecklich lang und kryptisch sind, haben wir dir die mühselige Abtipperei abgenommen. Auf dieser Webseite findest du – fix und fertig vorbereitet – Links zu Seiten mit Lesermeinungen, die du nur noch anzuklicken brauchst.

http://www.kinderbuchwelt.de/potter-02.htm

Online-Spiele und -Rätsel

Trelawneys Tageshoroskop

Du gibst ein paar persönliche Daten ein, klickst auf *berechnen* und erhältst – abrakadabra, simsalabim – dein individuelles Horoskop für den Tag. Wenn es gut ausfällt, kannst du gerne daran glauben; andernfalls ist es nur ein Spaß. Also bloß nicht ernst nehmen!

http://www.geocities.com/evhermine/TH.html

Rätsel

Lea Beckers Harry Potter Quiz

Bei Leas Quiz kannst du dein Harry Potter-Wissen überprüfen. Wenn du alle zehn Fragen richtig beantwortest, gibt's als Belohnung den Harry-Potter-Award.

http://www.lea-becker.de/harry-potter-quiz.htm

Lea Beckers Harry Potter 4 Quiz

Kennst du dich auch mit dem 4. Band schon gut aus? Dann kannst du dir durch die richtige Beantwortung dieser 10 Fragen, den Harry-Potter-4-Award verdienen.

http://www.lea-becker.de/harry-potter-quiz.htm

EvHermines Harry Potter Quiz

38 Fragen zur Welt des Harry Potter warten hier darauf, von kundigen Fans beantwortet zu werden.

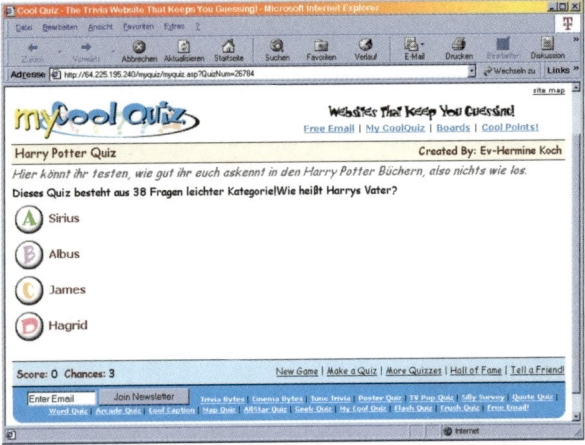

http://64.225.195.240/myquiz/myquiz.asp?QuizNum = 26784

Harry Potter Quiz für Profis

Die Fragen dieses Quiz können nur Profis beantworten, behauptet Heiko Herberg, der sie ins Web gestellt hat.

http://64.225.195.240/myquiz/myquiz.asp?QuizNum = 40877

Penelopes Harry Potter-Quiz

Wer Penelopes Quizfragen beantworten will, sollte den vierten Band aufmerksam gelesen haben.

http://64.225.195.240/myquiz/myquiz.asp?QuizNum = 39262

Prof. Lupins Harry Potter-Quiz

Auch Prof. Emily Lupin stellt knifflige Fragen zum vierten Band.

http://64.225.195.240/myquiz/
myquiz.asp?QuizNum = 41317

Hagrid's Hogwarts Quiz (E)

Knifflige Quizfragen zum Leben in und um Hogwarts in englischer Sprache.

http://www.angelfire.com/me3/hpfan64/hhquiz.html

Quidditch Quiz (E)

10 Fragen zu Harrys Lieblingssport.

http://www.angelfire.com/me3/hpfan64/quiz.html

The Virtual World of Harry Potter (E)

Die Idee hinter dieser ungewöhnlichen Site ist es, dem Besucher die Möglichkeit zu geben, sich in das Leben der jungen Zauberer(innen) in der Welt Harry Potters zu versetzen. Schauplätze der Simulation sind Hogwarts, die Schule für Zauberei und Hexenkünste, Diagon Alley (Winkelgasse), die Einkaufstraße für Zauberer in London, und Hogsmeade, das Zaubererdorf ganz in der Nähe. Realisiert wird die Idee in Form virtueller Rundgänge, zu denen du von den drei Hauptschauplätzen aus starten kannst.

Unterwegs kommst du immer wieder an Gabelungen und hast die Wahl, welchen Weg du einschlägst. Das Konzept lehnt sich ansatzweise an die allerersten Computer-Abenteuerspiele an, an die sich ältere Semester sicherlich noch erinnern.

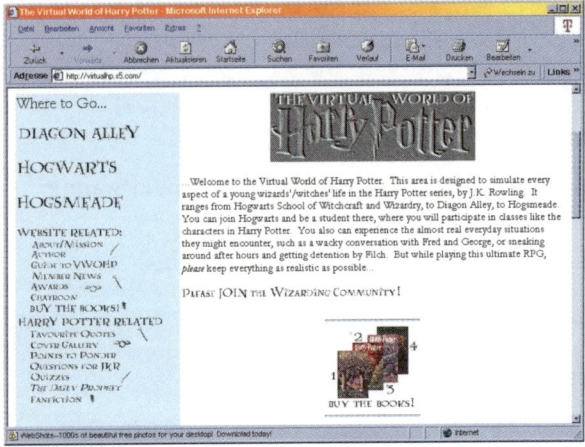

Fazit: Aufwändig gemacht und unbedingt sehenswert! Wenn deine Englischkenntnisse dafür ausreichen, kannst du dich hier stundenlang wie ein Zauberschüler fühlen.

http://virtualhp.s5.com

51

Downloads

Bildschirmschoner

Scholastic Bildschirmschoner (E)

Der kostenlose Bildschirmschoner von Scholastic bringt
Szenen aus den Bänden 1, 2 und 3 auf deinen Bildschirm.
Bevor du dir das englischsprachige Programm, das es sowohl für Windows- als auch für MacIntosh-Rechner gibt,
aus dem Web herunterlädst (ca. 1,6 MB), kannst du dir
mit einem Mausklick auf *See a Preview* vorab Ausschnitte
daraus zeigen lassen. Wir finden, der Download lohnt
sich!

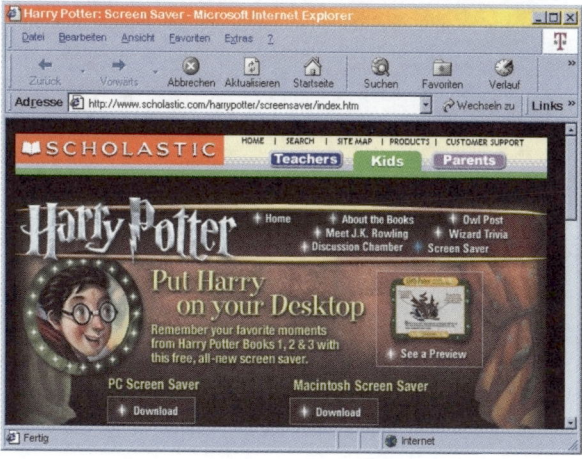

http://www.scholastic.com/harrypotter/screensaver/
index.htm

Bloomsbury Bildschirmschoner (E)

Auch *Bloomsbury* hat einen Bildschirmschoner im Angebot, den du dir kostenlos aus dem Web herunterladen kannst. Das Programm gibt es sowohl für Windows-PCs (ca. 2,3 MB) als auch für Apple Macs.

Harry Potter Screensaver (E)

Der selbstgestrickte Bildschirmschoner bei *HP Facts and Fun* zeigt die Cover der amerikanischen Harry Potter-Bücher als endlose Diaschau.

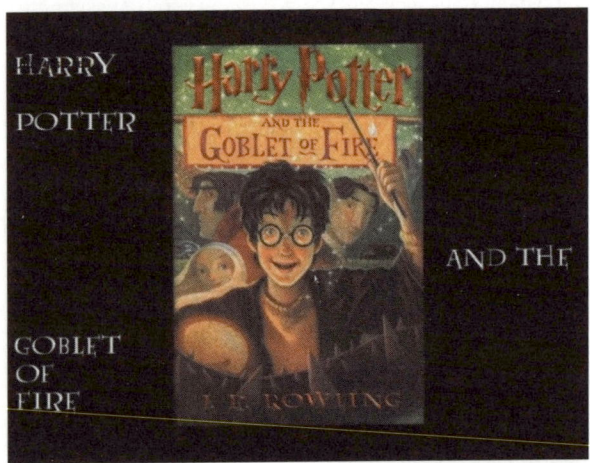

http://www.hpfactsandfun.com/screensaver.html

Desktop-Motive

Harry Potter Desktop (E)

Du möchtest dir den Zauberschüler *Harry Potter* auf den
Windows-Desktop holen? Dann lade dir diese gezippte
Datei aus dem Web herunter. Sie enthält Harry Potter-De-
sktop-Motive mit passendem Sound und Cursor sowie einen HP-Bildschirmschoner. Das Paket ist in Englisch, läuft
unter Windows 95/98 und ist kostenlos.

http://www.themeworld.com/cgi-bin/preview.pl/themes/
potter.zip

HP-FC Desktop-Motiv

Beim HP-FC kannst du dir ein hübsches selbst gemaltes
Bild als Hintergrund für den Windows-Desktop abholen.

http://www.hp-fc.de/screensaver/desktop.html

Spiele

Quidditch (E)

Du kannst nicht fliegen und möchtest trotzdem Quidditch spielen? Auf dieser Seite findest du Quidditch-Software für den PC: Freeware, Demos und Shareware. Außerdem gibt es eine Vorschau auf Spiele, die demnächst erhältlich sind.

http://www.homestead.com/mini_games/
mysteryquidditch.html

Joanne K. Rowling

Video-Interview (E)

Der Bloomsbury Verlag in England hat ein Video-Interview mit Joanne K. Rowling ins Web gestellt. Das Gespräch mit der Autorin ist in mehrere Clips aufgeteilt:

The Taramasalata factor http://www.bloomsbury.com/muggles/ram/q1.ram

A book for obsessives? http://www.bloomsbury.com/muggles/ram/q2.ram

Controlled anarchy http://www.bloomsbury.com/muggles/ram/q3.ram

What's in a name? http://www.bloomsbury.com/muggles/ram/q4.ram

Show, not tell http://www.bloomsbury.com/muggles/ram/q5.ram

Dragons and snakes http://www.bloomsbury.com/muggles/ram/q6.ram

Fighting for the integrity of the world

http://www.bloomsbury.com/muggles/ram/q7.ram

The movie http://www.bloomsbury.com/muggles/ram/q8.ram

Next? http://www.bloomsbury.com/muggles/ram/q9.ram

Zum Abspielen der Videoclips benötigst du eine aktuelle Version des *Real Player*. Außerdem wären passable Englischkenntnisse nicht schlecht.

J. K. Rowlings Lebenslauf

Die Autorin J. K. Rowling

Ausgerechnet in einem Zug, der – du ahnst es sicher schon - vom Londoner Bahnhof Kings Cross abfuhr, lernten sich Joanne K. Rowlings Eltern Anfang der 60er Jahre kennen. Mit dieser Episode beginnt der Lebenslauf der Harry Potter-Autorin, der ausführlich die wichtigsten Stationen ihres ungewöhnlichen Lebens schildert.

http://www.harrypotter.de/frame_autorin.html

Autorin: Joanne K. Rowling

Ausführlicher Lebenslauf der Autorin der Harry Potter-Bücher, gespickt mit Anekdötchen.

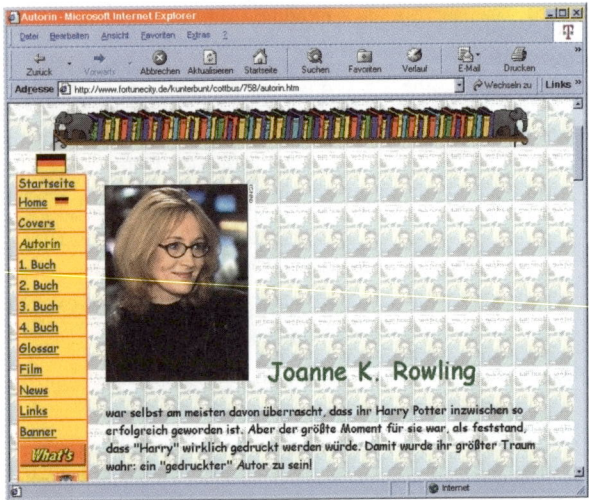

http://www.fortunecity.de/kunterbunt/cottbus/758/autorin.htm

J. K. Rowling Biography (E)

Von Bloomsbury ins Web gestellt: Offizielle Biografie Joanne K. Rowlings in englischer Sprache.

http://harrypotter.bloomsbury.com/muggles/biog/index.html

J. K. Rowling in der Presse

Focus: Eine zauberhafte Erfolgsgeschichte

Die Geschichte hat weltweit die Runde gemacht: Eine arbeitslose, allein erziehende junge Mutter flüchtet samt Töchterchen vor der Kälte in der ungeheizten Wohnung in ein Café, schreibt dort ein Buch – auf Servietten, weil sie für Papier nicht genügend Geld hat – und landet damit einen Bestseller, der alle Rekorde bricht! Wahrheit oder Fiktion? FOCUS online hat nachgehakt und die Fakten ins Web gestellt.

http://focus.de/D/DF/DFX/DFX03/DFX03A/dfx03a.htm

Pressestimmen

Du möchtest wissen, was die deutsche Presse zu Harry Potter schreibt? Der Carlsen Verlag hat fleißig gesammelt und die interessantesten Pressezitate auf diese Seite gestellt. Außerdem kannst du hier nachlesen, welche Preise die Harry Potter-Bücher und ihre Autorin bereits eingeheimst haben. Jede Wette, dass diese Liste noch wächst.

http://www.harrypotter.de/frame_pr.html

Reviews (E)

Wenn du Englisch verstehst, findest du auf dieser Seite eine umfangreiche Sammlung von Presseartikeln zu den

Harry Potter-Büchern. Mit Beiträgen vertreten sind: Time, The Scotsman, The Sunday Herald (Glasgow), New York Sunday Herald, The New York Times Book Review, Saturday Herald (Glasgow), Newsweek, Independent on Sunday, The Guardian, Sunday Express, The Daily Telegraph und Mail on Sunday. Aber auch Leser und Leserinnen, sowohl Kinder wie Erwachsene kommen mit ausgewählten Kommentaren zu Wort.

http://harrypotter.bloomsbury.com/muggles/reviews

The Creation of Harry Potter (E)

Als Leseratte hast du dich bestimmt schon des öfteren gefragt, wie so ein Buch eigentlich entsteht.

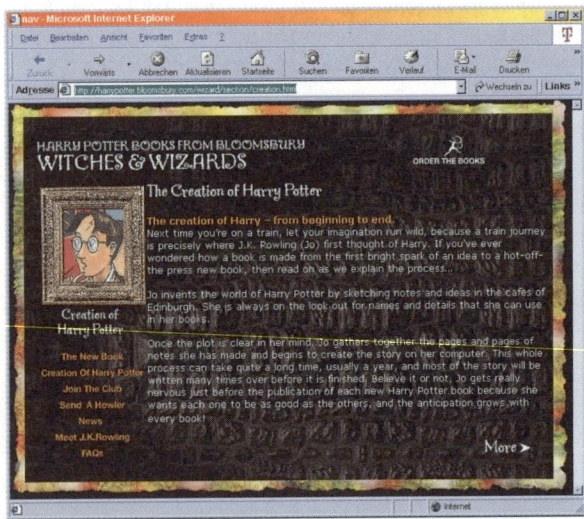

http://harrypotter.bloomsbury.com/wizard/section/creation.html

Die Leute von *Bloomsbury* lassen dich Mäuschen spielen und erzählen dir ausführlich, wie Joanne K. Rowling beim Schreiben der Harry Potter-Bücher vorgeht. Hochinteressant – vor allem wenn du selbst ein bisschen Schriftstellerblut in den Adern hast!

Interviews

Stories from the web (E)

Antworten auf Fragen, die jeden Fan interessieren.

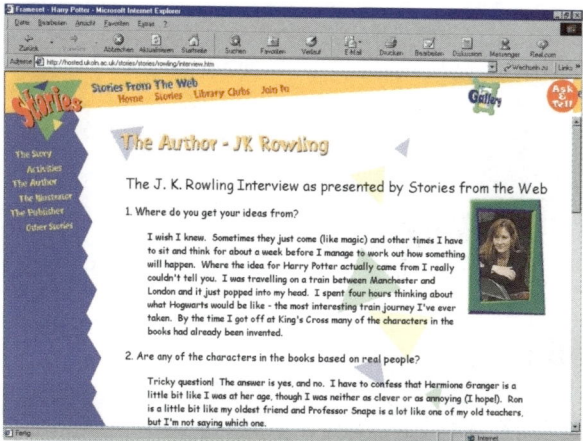

http://hosted.ukoln.ac.uk/stories/stories/rowling/
interview.htm

Magic, Mystery, and Mayhem (E)

Ausführliches Interview auf der britischen Amazon-Web-site.

http://www.amazon.com/exec/obidos/ts/feature/6230

Zauberschüler unter sich

Online-Plauderecken

Der sprechende Hut

Immer gut besucht sind die beiden Chaträume auf der Website des Carlsen Verlags.

http://www.harrypotter.de/frame_chat.htm

Hogwarts-Chat

In vier, nach den Hogwarts-Schulhäusern benannten Chaträumen, treffen sich jede Woche zu einem festgelegten Zeitpunkt Harry Potter-Fans zum Online-Plaudern.

http://alohomora.mainchat.de

Fandom Harry Potter Chat (E)

Bei Fandom kannst du nicht nur mit anderen Harry Potter-Fans aus aller Welt chatten, sondern ab und zu auch mit Leuten, die aktiv mit der Harry Potter-Welt zu tun haben, wie Schauspieler, Autoren und Produzenten.

http://www.fandom.com/harrypotter/chat.asp

Weitere Chats

Alohomora Chat — http://alohomora.mainchat.de

Cyber Owl (E) — http://mercury.beseen.com/chat/rooms/n/14180/index.html

Harry-auf-deutsch-Chat — http://potterfans.mainchat.de

UHPFC HP-Chat (E)   http://www.geocities.com/
harrypotterfans/chat.html

Foren + Newsgroups

Harry Potter Fans Unofficial Message Board (E)

In fünfzehn Foren wird hier fleißig über alle möglichen
Harry Potter-Themen diskutiert. Wenn du dich gerne mit
anderen HP-Fans unterhältst und einigermaßen Englisch
kannst, lohnt es sich auf jeden Fall, hier einmal reinzu-
schauen.

Forum	Topics	Msgs	Sites	Last Post	Moderators
Goblet of Fire Discussions	96	418	1	12/01/00	HotWeasely*, phoenixfeather, AustinPotter
The Other Books	5	13	1	11/25/00	harrypotter2901
Rumor's and Idea's	14	55	1	11/30/00	ChaChaeng9*, FSF*
The Common Rooms	17	65	2	12/01/00	HarryPotterfan, Molomege033
The Gryffindor House	3	9	1	11/26/00	Sirius_Blu4d*
The Ravenclaw House	10	16	1	11/25/00	Cedric_Girl
The Hufflepuff House	2	5	1	11/25/00	NearlyHeadlessNick
The Slytherin Tower	12	67	2	12/01/00	The_Great_Voldy
The Movie Room	4	16	1	11/25/00	Emily2001
Site Information	2	5	1	11/27/00	
The Ministry of Magic (MoM)	2	6	1	11/27/00	
Diagon Alley Shops	11	34	1	11/27/00	Branko_orange, Oscarak-Ron
The Forbidden Forest of Darkness	17	43	2	12/01/00	RadhaRed03
The Mysterious Library	10	27	1	11/29/00	Madfoot_03*
The Quidditch Field	16	79	1	11/28/00	Harry92%,

http://www.coolboard.com/
myboards.cfm?oid = 45853871497616

Newsgroup für Harry Potter Fans (E)

Auch im Usenet diskutieren Fans über Harry Potter. Die Newsgroup ist wahlweise unter news:alt.fan.harry-potter per Newsreader zu erreichen oder per Browser im Web unter:

http://www.deja.com/group/alt.fan.harry-potter

Weitere Harry Potter-Foren:

Harry-auf-deutsch   http://f23.parsimony.net/ forum53477/

Harry Potter and Friends   http://www.f18.parsimony.net/ forum31315

Harry Potter Fan Site! (E) http://www.angelfire.com/wi/ harrypotter/mainharry.html

Zaubertrunk.de   http://www.hit103.de/ zaubertrunk/forum/index.html

Communities

Harry-auf-deutsch-Community

Diese Web-Community unterscheidet sich von allen anderen Harry Potter-Sites durch die Idee, die dahinter steckt. Und die sieht so aus: Während Band 4 in englischer Sprache in England und Nordamerika bereits am 8. Juli 2000 in den Buchläden stand, mussten sich die Fans hierzulande, die auf die deutsche Ausgabe warteten, mehr als drei Monate lang bis zum 14. Oktober gedulden. Um die Wartezeit zu verkürzen forderten die Webmaster der Site die deutschen Fans auf, die Übersetzung des 4. Bandes selbst in die Hand zu nehmen. Die Idee schlug ein. Viele nahmen sich je ein paar Seiten vor und so entstand in kurzer Zeit eine inoffizielle Übersetzung ins Deutsche. Weil sich diese Aktion mit dem Urheberrecht nicht vertrug, kam es zu einer Auseinandersetzung zwischen den Sitebetreibern und dem Carlsen-Verlag, die sich nach einigem Hin und Her gütlich einigten. Stand der Dinge: Wer sich aktiv an der Übersetzung des 4. Bandes beteiligte, bekam zur Belohnung die übrigen Teile des Gemeinschaftswerkes.

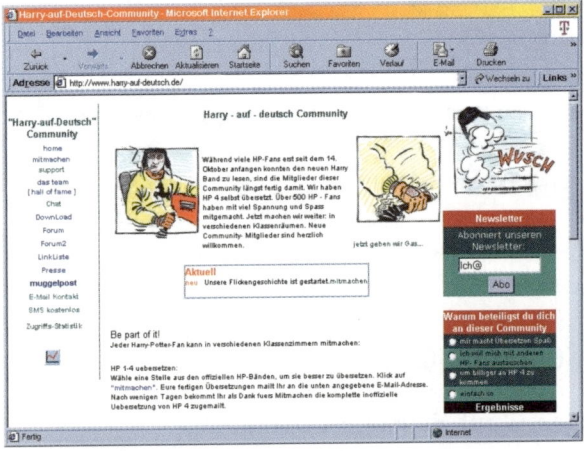

Mittlerweile steht der 4. Band längst offiziell übersetzt in den Buchläden und die Geschichte sollte sich, möchte man meinen, damit erledigt haben. Pustekuchen. Die Webmaster haben sich ein paar neue Aktionen einfallen lassen. So versuchen die rund 500 Community-Mitglieder sich nun daran, die offiziellen Übersetzungen aller vier Bände zu verbessern. Ein gemeinsam in Szene gesetztes Hörspiel ist in Planung. Man darf gespannt sein, was den rührigen Sitebetreibern noch so alles einfällt. Womöglich lassen sie den nächsten Band von ihren Besuchern schreiben, um so die endlos lange Wartezeit auf den offiziellen 5. Teil zu überbrücken?

Nebenbei laden ein Chatraum und ein Forum zum Diskutieren und Plaudern mit anderen Fans ein.

http://www.harry-auf-deutsch.de/

Sprechender Hut

Sehr aktive deutschsprachige Community mit Mailingliste, Chat, Linkliste und Downloadarchiv.

http://www.egroups.de/group/Sprechender-Hut

Harry Potter (E)

Englischsprachige Harry Potter-Community mit sehr aktiver Mailingliste, Chat, Linkliste und kleinem Downloadarchiv.

http://www.egroups.de/group/Harry_Potter

Harry Potter Books (E)

Knapp 200 Mitglieder diskutieren die Harry Potter-Bücher. Ein Chat, eine überschaubare Linkliste und ein kleines Downloadarchiv ergänzen das Angebot.

http://www.egroups.de/group/Harry_Potter_Books

Daily Prophet (E)

In dieser englischsprachigen Mailingliste werden nicht nur die Bücher, sondern auch Gerüchte und der Harry Potter-Film diskutiert.

http://www.egroups.de/group/Daily_Prophet

Hermione & Harry Potter (E)

Englischsprachige Community für Harry Potter-Fans in aller Welt mit Mailingliste, Chat, Linkliste und mehr.

http://www.egroups.de/group/
Hermoine_and_Harry_Potter

HP-Rollenspiel (E)

Englischsprachiges Harry Potter-Rollenspiel in Form einer Mailingliste.

http://www.egroups.de/group/My_Harry_Potter_RPG

Dies & das

Zaubertrunk.de

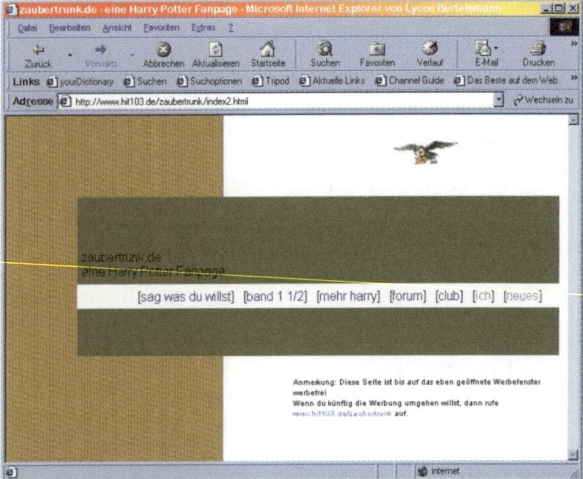

http://www.zaubertrunk.de

Auf dieser aufgeräumten Site schreiben Harry Potter-Fans ihr eigenes Buch, *Band 1 ½*, an dem jeder, der Spaß daran hat, mitwirken kann.

Außerdem gibt es ein *Schwarzes Brett*, ein *Forum*, einen Club für Harry Potter-Fans, in dem du Mitglied werden kannst, und eine Sammlung von Links.

So ein Theater: Spellbound (E)

Schüler an einer amerikanischen Schule haben in Anlehnung an die Harry Potter-Bücher ein Theaterstück mit dem Titel *Spellbound* geschrieben und aufgeführt. Wäre das nicht auch für euer nächstes Schulfest eine tolle Sache? Den kompletten Text könnt ihr euch aus dem Web herunterladen. Anschließend braucht ihr ihn nur noch ins Deutsche zu übersetzen. Eure Englischlehrerin oder euer Englischlehrer helfen euch bestimmt gerne dabei. Wie viel Spaß so eine Harry Potter-Schulaufführung macht, zeigen die Fotos, die den Text begleiten.

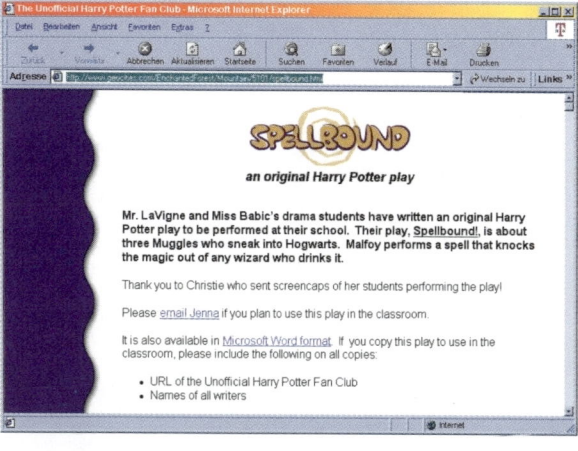

Ihr könnt *Spellbound* aber auch nur als Anregung nehmen, selbst ein Stück schreiben und es anschließend in-
szenieren. Das macht garantiert noch mehr Spaß!

http://www.geocities.com/EnchantedForest/Mountain/
5101/spellbound.html

Harry Potter Cartoons (E)

Cartoonisten beschäftigen sich mit jedem Trendthema.
Wie die bekanntesten amerikanischen Cartoonisten Harry
Potter und seine Welt mit spitzer Feder in Szene setzen, ist
sehenswert.

http://cagle.slate.msn.com/news/harrypotter/main.asp

Eulenpost

Zauberhafte Grüße

Harry Potter eCards

Direkt von dieser Seite des Buchversenders Amazon.de
kannst du Freunden und Bekannten digitale Grußkarten
mit Harry Potter-Motiven, darunter auch einen animierten
Heuler, schicken.

http://www.amazon.de/exec/obidos/tg/cards/browse-cards/-/493352/1//ref = pot_pro_rs_1_1

Eulenkarten

Hübsche Auswahl digitaler Grußkarten mit Harry Potter-
Motiven.

http://www.alohomora.de/post/index.html

Verschick eine Eule

Hier kannst du nicht nur die vorgegebenen Motive, sondern auch eigene Bilder als digitale Grußkarte verschicken.

http://www.guweb.com/cgi-bin/
postcard?id = EVAHERMINE

Harry Potter Postcards (E)

Acht Motive stehen hier zum Versand als digitale Postkarten bereit. Für den Fall, dass du die Grüße mit Sound un-
terlegen willst, kannst du unter 32 Musikstücken wählen.

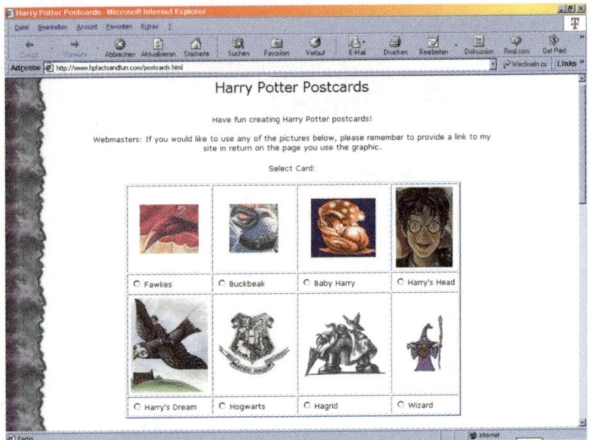

http://www.hpfactsandfun.com/postcards.html

Harry Potter Greeting Cards (E)

Kleine Auswahl ungewöhnlicher Motive zum Versand als digitale Postkarten.

http://pub43.bravenet.com/postcard/
post.asp?usernum = 3641306783

Owl Post (E)

Was denkst du? Würden deine Freunde Augen machen, wenn sie unerwartet eine Eulenpost in ihrer Mailbox fänden? Um eine zu verschicken, brauchst du lediglich ein paar Felder auszufüllen und schon geht deine Eulenpost, die aussieht, als wäre sie geradewegs aus einem Potter-Buch geflattert, digital auf die Reise.

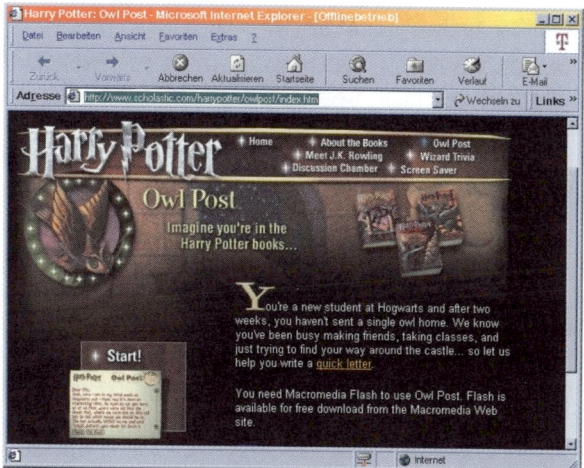

http://www.scholastic.com/harrypotter/owlpost/
index.htm

Heuler bei Bloomsbury (E)

Von dieser Webseite aus kannst du digitale Heuler (Howler) und Euler (Owler) verschicken. Um in den vollen „Ge-
nuss" zu kommen, benötigt der Empfänger eine Sound-
karte und Lautsprecher.

http://harrypotter.bloomsbury.com/wizard/section/
howler.html

E-Mail-Accounts

Manche Harry Potter-Fans erkennt man schon an der E-
Mail-Adresse. Wäre so eine HP-Fan-Adresse nicht auch
etwas für dich?

Form der Adresse	Abzuholen unter
dein.name@buckbeak.znn.com (D)	http://buckbeak.zzn.com/email/german/login/login.asp?subdomain=buckbeak
dein.name@fawkes.znn.com (D)	http://fawkes.zzn.com/email/german/login/login.asp?subdomain=fawkes
dein.name@gryffindorlions.znn.com (D)	http://gryffindorlions.zzn.com/email/german/login/login.asp?subdomain=gryffindorlions
dein.name@hagridshut.znn.com (D)	http://hagridshut.zzn.com/email/german/login/login.asp?subdomain=hagridshut
dein.name@HarryPotterFans.com (E)	http://owlmail.harrypotterfans.com/email/scripts/loginuser.pl
dein.name@hufflepuffbadgers.znn.com (D)	http://hufflepuffbadgers.zzn.com/email/german/login/login.asp?subdomain=hufflepuffbadgers
dein.name@ravenclaweagles.znn.com (D)	http://ravenclaweagles.zzn.com/email/german/login/login.asp?subdomain=ravenclaweagles
dein.name@slytherinserpents.znn.com (D)	http://slytherinserpents.zzn.com/email/german/login/login.asp?subdomain=slytherinserpents
dein.name@theleakycauldron.znn.com (D)	http://theleakycauldron.zzn.com/email/german/login/login.asp?subdomain=theleakycauldron
dein.name@quidditch.znn.com (D)	http://quidditch.zzn.com/email/german/login/login.asp?subdomain=quidditch

Alle Angebote sind kostenlos, die Accounts webbasiert.

Harry Potter zum Nachschlagen

Viola Owlfeathers Harry-Potter-Kiste

Bestimmt weißt du, was ein Animagus ist. Aber wer war gleich noch mal Armando Dippet? Was sind O.W.L.s? Und was verkauft Madam Malkin in ihrem Laden? Kompetente Antworten auf diese und andere knifflige Fragen zu Harry Potters Zauberwelt findest du in *Viola Owlfeathers Harry-Potter-Kiste*. Das umfangreiche Lexikon enthält Erklärungen und interessante Hintergrundinformationen zu über 100 Stichworten.

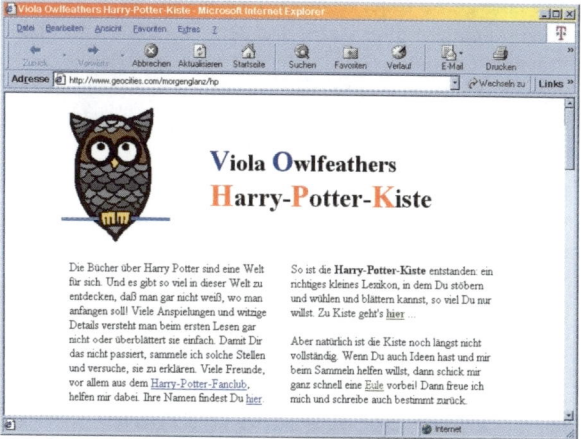

Bei der Übersetzung der englischen Potter-Bücher ins Deutsche, wurden viele Namen und Begriffe aus dem Original übernommen. Aber nicht alle – manche wurden eingedeutscht. In der *Konkordanz* werden übersetzte Namen und Begriffe den Originalen zugeordnet.

http://www.geocities.com/morgenglanz/hp

Namen und Begriffe international

Harry Potter International

In 35 Sprachen wurden die Harry Potter-Bücher bis dato übersetzt. Dabei wurden viele Namen und Begriffe an die jeweilige Sprache angepasst. Cornelia Rémi, die Webmasterin dieser Seite, hat sich die Mühe gemacht, eine Liste zusammenzustellen, der du entnehmen kannst, wer oder was in welcher Sprache wie heißt. Die Liste ist vor allem dann eine große Hilfe, wenn du dich mit Potter-Fans in anderen Ländern über Harry und seine Freunde unterhalten willst. Enthalten sind bisher die Sprachen Deutsch, Englisch, Finnisch, Französisch, Italienisch, Niederländisch, Norwegisch, Polnisch, Portugiesisch, Schwedisch und Tschechisch.

Eine tolle Leistung, auch wenn die Sammlung noch lange nicht vollständig ist. Vielleicht kannst du den einen oder anderen Namen aus einer Fremdsprachenversion der Potter-Bücher dazu beitragen? Cornelia freut sich über jede Hilfe!

http://www.geocities.com/morgenglanz/hp/hpintern.html

Harry Potter Goes Around the World

Eine ähnliche, aber weniger umfangreiche Liste hat auch der HP-FC im Angebot. Übersetzungen diverser Namen und Begriffe aus der Potter-Welt gibt es hier in den Sprachen Dänisch, Englisch, Finnländisch, Französisch, Griechisch, Italienisch, Latein, Polnisch, Schwedisch, Spanisch, Switzerdütsch, Tschechisch, Türkisch und Ungarisch.

http://www.hp-fc.de/flaggen/wort_sprachen.html

Zaubersprüche

Spells

Zaubersprüche, ihr lateinischer Ursprung und ihre Wirkung.

http://www.hp-fc.de/zauberspr2.htm

Curses, Spells and Charms (E)

Umfangreiche Aufstellung von Zaubersprüchen.

http://www.mikids.com/harrypotter/charms.htm

Lexika & Wörterbücher

Harry Potter Lexikon

Viele der Namen und Begriffe in den Harry Potter-Büchern kommen nicht von ungefähr, hat Gymnasiallehrer Rudi Hein festgestellt. Vielmehr haben sie ihre Ursprünge in Sagen und Märchen, in der Geschichte, der Literatur und der Mythologie, und verraten dem, der sie zu deuten weiß, eine Menge über die Figuren, die sie tragen. In drei umfangreichen Kapiteln klärt der belesene Webmaster die Ursprünge der „sprechenden Namen" und liefert eine Unmenge interessanter Hintergrundinformationen.

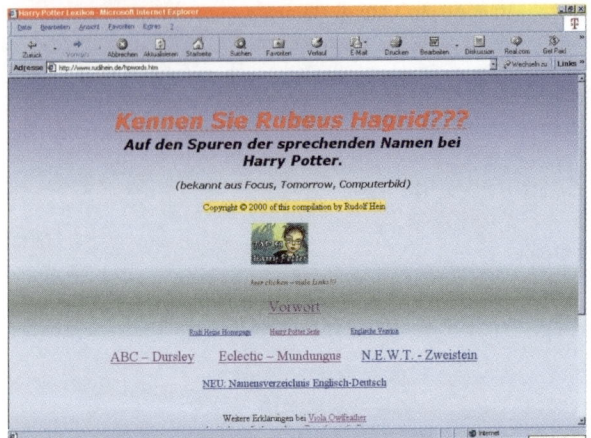

In einer ellenlange Liste stellt er außerdem Namen und Begriffe aus der englischen Originalausgabe den deutschen Übersetzungen gegenüber.

Und schließlich hat er zahlreiche Links zu anderen Harry Potter-Seiten im Web zusammengetragen, die er übersichtlich sortiert und kurz kommentiert auf seiner Site präsentiert.

Schade bloß, dass der stellenweise düstere Hintergrund der Seiten das Lesen ganzer Textpassagen unmöglich macht. Da hilft nur ein kleiner Trick: Setz die Maus an den Anfang derartiger Passagen, drücke die linke Maustaste, ziehe die Maus bis zum Ende der unleserlichen Textstelle und lass die Taste los. Wie von Zauberhand gefärbt, erscheint der Text nun weiß auf schwarz und ist gut zu lesen.

http://www.rudihein.de/hpwords.htm

Name & Words Origin (E)

Ursprünge von Namen und Begriffen.

http://www.geocities.com/potterica/origins.html

Bloomsbury: Glossary (E)

Namen und Begriffe aus der Welt des Harry Potter in englischer Sprache von A-Z.

http://harrypotter.bloomsbury.com/muggles/glossary/a.html

Encyclopedia Potterica (E)

Begriffe aus der Zauberwelt Harry Potters von A-Z, teils kurz, teils ausführlich, manchmal mit Illustration erläutert.

http://www.geocities.com/EnchantedForest/1900/index.html

Glossary (E)

Von A-Z: Begriffe aus der Potter-Welt kurz erklärt.

http://www.mikids.com/harrypotter/glossary.htm

Timeline (E)

Die ersten Ideen zu Harry Potter kamen der Autorin J. K. Rowling bereits 1990 auf einer Eisenbahnfahrt von Manchester nach London. 1995 war der erste Band fertig. Was

dazwischen und danach geschah, kannst du dieser umfangreichen Zeittafel entnehmen.

http://harrypotter.bloomsbury.com/muggles/faq/
timeline.html

Figuren

Fandom: Characters (E)

Wer spielt wen im ersten Harry Potter-Film? Das erfährst
du auf dieser Seite, auf der die Schauspieler in Wort (englisch) und Bild vorgestellt werden. Biografien einiger Figuren aus den Büchern findest du hier ebenfalls. Die Seite
wächst, öfter mal vorbeischauen lohnt sich.

http://www.fandom.com/harrypotter/celebrity_2.asp

Characters (E)

Wer ist wer in den Harry Potter-Büchern? Hier findest du
eine Vielzahl von Figuren mit kurzen Beschreibungen.

http://www.mikids.com/harrypotter/characters.htm

Der Harry Potter Film

Das Neueste vom HP-Film

Infos und Fotos von den Hauptdarstellern und den Dreh-
orten.

http://www.geocities.com/evhermine/Film2.html

Links, Links, Links

Linksammlungen

Linkliste Harry Potter im Web

Diese Sammlung von Links zu deutsch- und englischsprachigen *Harry Potter*-Seiten im Web wächst und wächst. Wenn du eine gute *Harry Potter*-Site kennst, die hier noch fehlt, kannst du sie eintragen.

Wäre doch schade, wenn andere Fans sie verpassen würden.

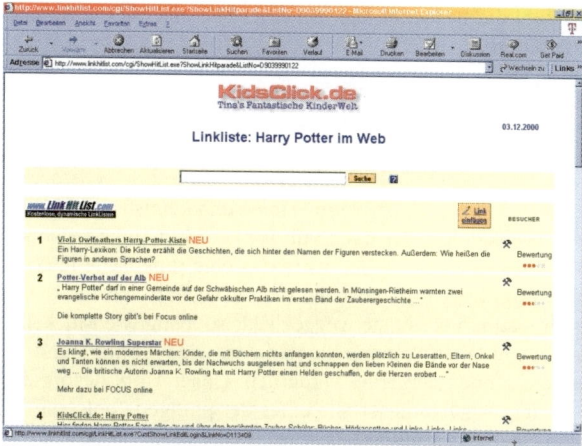

http://www.linkhitlist.com/cgi/
ShowHitList.exe?ShowLinkHitparade&ListNo = D9039990122

Harry Potter Top 50 (D/E)

Hitlisten mit je 50 Links zu Harry Potter-Sites in aller
Welt.

http://www.topsitelists.com/bestsites/hptop50/
topsites.html (D)

http://harrypotter-top50.com (E)

Harry Potter Charts

In dieser Hitliste stellen Webmaster ihre Harry Potter-Sites
vor. Aufgepasst: Über die Position eines Links in der Liste
entscheidet nicht etwa die Beliebtheit der Site, sondern die
Anzahl der Besucher, die von einer Site aus auf die Hitliste
zugreifen.

http://sitescout.de/freihobby/harry_potter.php3

Arkanumis

Das *inoffizielle Harry Potter-Link-Verzeichnis* ist ein kleiner Webkatalog, der nach Rubriken sortiert Links zu Potter-Sites listet. Eigentlich wäre das eine praktische Ein-
richtung, wären da nicht die Werbe-Pop-up-Fenster, die
sich, kaum hast du sie weggeklickt, so lästig wie Mücken
an einem lauen Sommerabend sofort wieder öffnen und
einem schnell den Spaß verderben. Unser Tipp: Besorg dir
vor dem Besuch dieser Site eines der pfiffigen Tools, die
Pop-up-Fenster automatisch schließen (z. B. das kostenlose englische *NoAds* – Download unter http://
www.firase.com/noads.htm),

http://www.phoenixfeder.de

Fanatic Site Links (E)

Ellenlange Liste von Links zu englischsprachigen
Harry Potter-Sites.

http://www.harrypotterrealm.com/links3.html

Webringe

HP Webring

Der *inoffizielle Harry Potter Webring* verbindet Sites zum
Thema. Über dreißig sind bereits gelistet und es werden
sicher bald noch mehr.

http://webring.parsimony.net/webring147

The Harry Potter Fan SiteRing (E)

Dieser rege frequentierte englischsprachige Harry Potter-Webring verbindet zur Zeit rund 20 Sites.

http://pub4.bravenet.com/sitering/
nav.php?usernum = 3131408108&action = list&siteid = 34938

Hokuspokus und so weiter ...

Zaubertricks

Lilipuz: Zaubertricks

Lilipuz, die Kinderwebsite des WDR, stellt auf dieser Seite zwei pfiffige Zaubertricks vor, die leicht zu erlernen sind. Eine kleine Sammlung von Links weist dir den Weg zu weiteren Zauberseiten im Web.

http://www.wdr5.de/lilipuz/aktionen/harrypotter/ zaubern.html

Zauberlehrlinge

Auch die Leute von *Geolino* haben zwei Zaubertricks für dich auf Lager: *Farbenzauber im Wasserglas* und *Der magische Wasserbecher*.

http://www.geo.de/geolino/themen/experimente/zauber- tricks/

Das Zauberbuch von Lehrling Formicus

Kleine Sammlung von Tricks, mit denen du deine Freunde verblüffen oder aufs Glatteis führen kannst.

http://www.kidsville.de/burg/zaubertr.htm

Abrakadabra

Drei weitere verblüffende Zaubertricks, die leicht nachzumachen sind, findest du auf dieser Webseite. Wie für alle magischen Illusionen gilt auch für diese: Sie verblüffen nur, wenn sie perfekt vorgeführt werden. Übe sie deshalb lieber einmal zu oft, bevor du vor Publikum auftrittst – es sei denn, du blamierst dich gerne.

http://www.disney.de/DisneyOnline/Entdeckungen/ZaubertricksfurKinder/index.html

Zaubern

Auf dieser Seite werden zwei Zaubertricks erklärt: *Die springende Münze* und *Der Flaschengeist*. Zusätzlich gibt's Tipps für eine wirkungsvolle Vorführung. Ein baldiger Ausbau der Seiten wird von den jungen Hobbyzauberern, die sie betreiben, versprochen.

http://www.stop-kinder-magazin.de/ZAUBERN/zaubern.html

Kinder-Zirkus.de: Zaubern

Eine wachsende Sammlung von Zaubertricks, die ohne großen Aufwand nachzumachen sind, findest du bei Kinder-Zirkus.de. Die Startseite wirkt auf den ersten Blick etwas leer. Ein Klick auf den kleinen Pfeil rechts von *Treffen Sie Ihre Wahl* bringt dich ins Menü.

http://www.kinder-zirkus.de/auswahl_zaubern.htm

Zauberhafte Zaubereien

Sammlung pfiffiger Tricks, die keinen großen Aufwand erfordern.

http://www.kidsweb.de/spiele/zauber/zaubereien.htm

Der schwebende Taler und andere Tricks

Die Zaubertricks auf dieser Seite werden von den Besuchern geliefert. Wenn du selbst einen kennst und veröffentlichen lassen möchtest, kannst du ihn per E-Mail einschicken.

http://www.knax.de/Sparkasse-Bremen/zaubereien/index.htm

Web-Illusionen

InteraktivTricks

Zaubern am Bildschirm? Das geht? Lass dich überraschen!

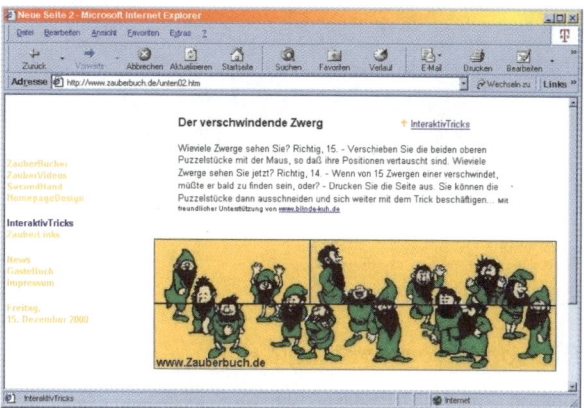

http://www.zauberbuch.de/unten02.htm

Cave of Magic (E)

Lass dich verblüffen! Klick auf eine der beiden Türen und im nächsten Fenster auf eines der beiden Augen. Nun werden dir einige Spielkarten gezeigt. Merk dir zwei davon; wenn du ganz sicher gehen willst, schreib sie dir auf. Klick auf *here* und im nächsten Fenster ebenfalls auf *here*. Nun werden dir wieder Spielkarten gezeigt, und siehe da: Die beiden, die du dir gemerkt hast, sind verschwunden! Was steckt dahinter: Telepathie, Hexerei oder nur ein simpler Trick?

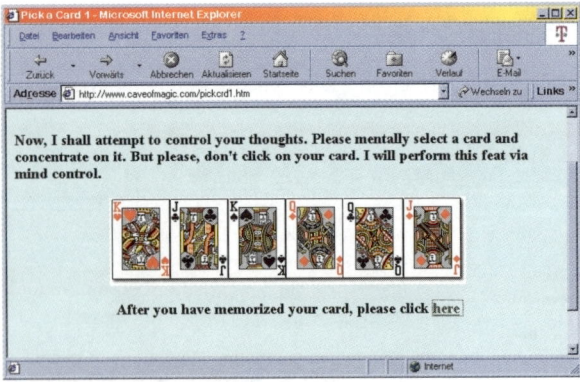

http://www.caveofmagic.com/

Simeon's World of Magic (E)

Simeon Fay, der Webmaster der *Cave of Magic*, präsentiert noch mehr verblüffende Tricks und Spielereien im Web:

Simeon's ESP Challenge   http://www.simeonmagic.com/espgame/index.html

Simeon's Football Magic   http://www.simeonmagic.com/cgi-bin/football.pl

Simeon's Gemstone Challenge

> http://www.simeonmagic.com/
> gemstonegame/index.html

Simeon's Travel Telepathy http://www.traveltelepathy.
com/

Simeon's Triangle Puzzle http://www.simeonmagic.com/
triangle/index.html

Zauberhaftes Allerlei

Zauberbuch.de

Zauberbücher, Zaubervideos, Zaubertricks: Die Website
ist eine Fundgrube für alle, die gerne zaubern lernen
möchten – auf Art der Muggels, versteht sich.

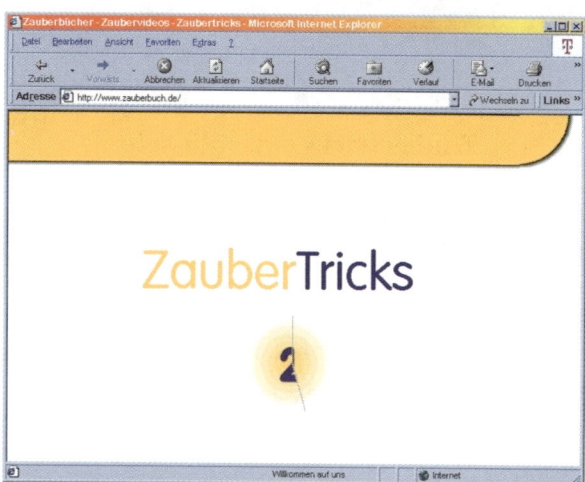

http://www.zauberbuch.de/

Zaubertricks entschlüsselt

Tilman Hausherr, der Webmaster dieser Site, hat es sich zum Hobby gemacht, hinter das Geheimnis bekannter Zaubertricks zu kommen. Das ist ihm bei manchen vollständig, bei anderen teilweise gelungen. Wenn du einen Blick hinter die Kulissen bekannter Zauberkünstler werfen willst, hast du hier die Gelegenheit dazu. Allerdings: Einen Trick zu kennen, kann ihm seine Faszination nehmen. Deshalb rät dir der Zauber-Detektiv, die Erklärung eines Tricks erst dann zu lesen, wenn du ihn bereits einmal gesehen hast, weil du dir sonst selbst den Spaß daran verdirbst. Damit könnte er Recht haben.

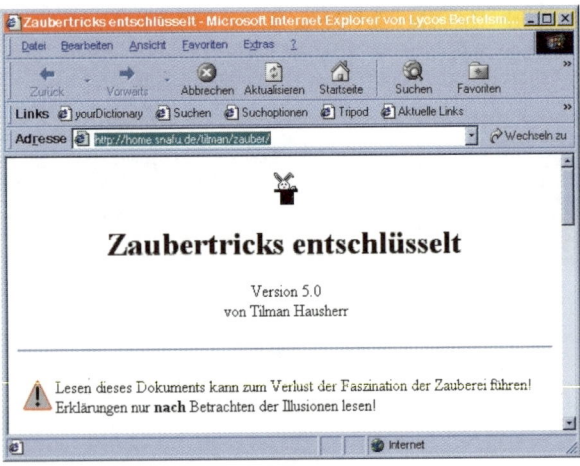

http://home.snafu.de/tilman/zauber/

Stichwortverzeichnis

E

F

G

K

L

M

N

O

P

Q

R

S

T

U

V

W

Z